EDIBIMBI è un marchio *GRUPPO EDICART*
via Jucker, 28 - Legnano (MI) Italia
Illustrazioni di *Anna Sosso* e *Roberta Lonardi*
Ideazione e grafica di *Silvia Lualdi*

La Bella Addormentata

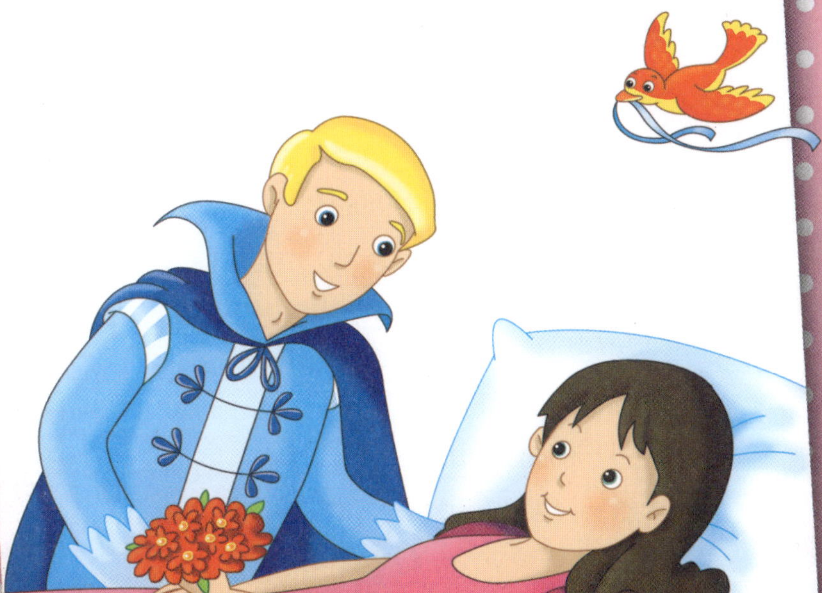

EdiBimbi

C'era una volta,

in un regno tanto, tanto lontano, un grande castello dove vivevano un Re e una Regina.

Desideravano da tanto tempo un erede, ma nonostante fossero sposati da molti anni, non avevano bambini.

Un bel giorno, finalmente, nacque una bellissima principessa!

Il Re e la Regina erano più che mai felici, ma lo erano anche tutti gli abitanti del regno, che adoravano i loro saggi sovrani!

La principessina fu chiamata Aurora.

I reali, per celebrare il lieto evento, diedero una grande festa a cui furono invitate tutte le fate del regno!

Ciascuna fata avrebbe dovuto offrire un dono speciale alla bella principessina. Così, da ogni angolo del regno, arrivarono sei fate che parteciparono alla grande festa.
Il Re, per queste importanti ospiti d'onore, fece preparare sei piccole scatole d'oro finissimo.
Finalmente il giorno della festa arrivò: la cerimonia era ormai iniziata quando improvvisamente il cielo si oscurò e un lampo accecante, seguito da un terribile tuono, fendette l'aria: sulla porta apparve una vecchia fata che il Re e la Regina avevano dimenticato di invitare!
Molto adirata, la fata se ne stava da parte a pronunciare cupe **formule magiche...**

Nel frattempo le altre fate stavano offrendo i loro regali, e avevano appena donato alla piccola principessa doti e virtù come bellezza, grazia, canto e danza, bontà, gusto e intelligenza!

«Tanto quanto quella stella
tu sarai splendente e bella!»

«Come quella rossa rosa
sarai dolce e assai graziosa!»

«Via la notte sia mattina,
sia tu brava ballerina!»

Improvvisamente, la vecchia fata roteò la bacchetta e recitò:

«Come mai, vorrei sapere
queste giovani megere
han l'invito, come s'usa,
ed io invece sono esclusa?

«Per disgrazia e per magia
con un fuso, questo sia:
bimba, tu ti pungerai
e in eterno dormirai!».

Per fortuna, l'ultima fata buona di nome Fiordaliso ancora non aveva offerto il suo dono alla piccola principessa... Poteva forse rimediare al maleficio, anche se la sua magia non era potente come quella dell'anziana fata!

La fata buona pensò comunque di lanciare un controincantesimo che, se pur non poteva annullare il tremendo anatema, poteva almeno attenuarlo!
Così si pronunciò, quindi, fata Fiordaliso:

«Ciò che dico sia sicuro,
e sia questo il suo futuro:
sia cent'anni addormentata
ma da un principe destata!».

La vecchia fata lasciò la festa e il Re ordinò immediatamente che tutti i fusi del regno fossero cercati, trovati e distrutti per proteggere la principessina dalla terribile profezia.
Passarono gli anni, e Aurora crebbe con tutte le virtù che le avevano donato le buone fate.

Era una fanciulla felice, dolce e buona, e un giorno, in una bella giornata di sole, la principessina passeggiava nel giardino del castello quando vide una piccola porta che mai, in tanti anni, aveva notato.
La aprì, e di fronte a sé vide una piccola scala che saliva in alto, fin sulla torre.
Cominciò a salire, e giunta in cima vi trovò una vecchina che stava filando su un vecchio fuso...
«Cos'è, posso vedere?» chiese Aurora allungando la mano verso il fuso.
E proprio com'era previsto nel malefico anatema, Aurora si punse: l'incantesimo si avverò, e subito la bella principessa cadde a terra addormentata!

Il Re e la Regina erano addolorati, e così anche tutti gli abitanti del castello: tutti sapevano, infatti, che la loro vita non sarebbe durata abbastanza per poter rivedere la dolce principessina!

Il lungo riposo della principessa era iniziato: Aurora fu vestita con l'abito più bello e adagiata sul suo lettino nella stanza più tranquilla e soleggiata del castello.
La buona fata fu subito avvertita e raggiunse immediatamente il castello.

C'era una gran confusione e subito considerò, da buona fata, una cosa molto, molto importante!

“Quando Aurora si sveglierà, fra cent’anni, tutte le persone che la amano e a lei vicine non ci saranno più, e la povera principessina si troverà completamente sola!” rifletteva fata Fiordaliso.
Che triste destino la attendeva: si sarebbe ritrovata sola in un mondo di estranei!

Così la fata prese la sua decisione: addormentò completamente tutti gli abitanti del castello, che sarebbero rimasti addormentati fino al termine della profezia!
Tutti insieme si sarebbero poi destati nell’esatto momento del risveglio della principessa Aurora, che avrebbe avuto vicino a sé tutto il suo mondo!

Fata Fiordaliso quindi agì: un tocco con la sua bacchetta magica... e sul trono si appisolarono il Re e la Regina, Un altro tocco e si addormentarono di colpo i vivaci paggi, e di seguito caddero addormentate le sentinelle, i cani e i gatti, gli asini, i cavalli e le mucche nelle stalle, i cuochi in cucina e le cameriere in sala da pranzo, gli uccellini nel nido e le lumachine sulle foglie...

Sbadigliarono e iniziarono a ronfare i topi in cantina, le capre e il pastore, e il gufo, che già dormiva perché era giorno, nella grande torre di guardia... e poi api, zanzare, pipistrelli e coccinelle!

Fata Fiordaliso si guardò intorno: tutti, all’interno del grande maniero, ormai dormivano della grossa!

La fata pensò di aver fatto un buon lavoro!

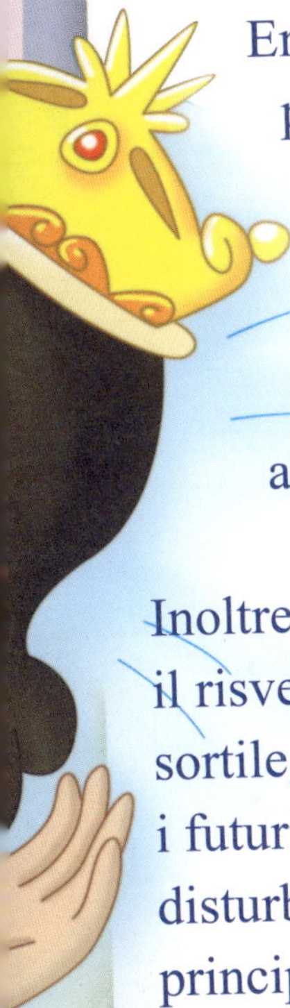

Era importante che la tremenda profezia facesse soffrire il meno possibile la povera principessa, che per colpa di una semplice dimenticanza del Re e della Regina e di una fata cattiva aveva rischiato di morire!

Inoltre la fata pensò che perché il risveglio potesse compiersi e il sortilegio terminare, nessuno per i futuri cent’anni avrebbe dovuto disturbare il sonno incantato della bella principessa addormentata...

Mancava soltanto quest'ultima cosa! La fata fece allora crescere attorno alle mura bellissimi cespugli di rose profumate, altissimi e dalle spine acuminate. Nessuno, per cent'anni, sarebbe riuscito a penetrare nel castello incantato! Poi Fata Fiordaliso salutò la principessina e tornò al suo mondo fatato...

Cent'anni passarono, e nessuno ricordava più la storia della bella addormentata. Si vedevano le torri del misterioso castello soltanto salendo sulle cime più alte.
Un giorno un principe andava a caccia. Giunse al piccolo borgo vicino al maniero stregato, e giunto a una locanda si fermò per dissetarsi.

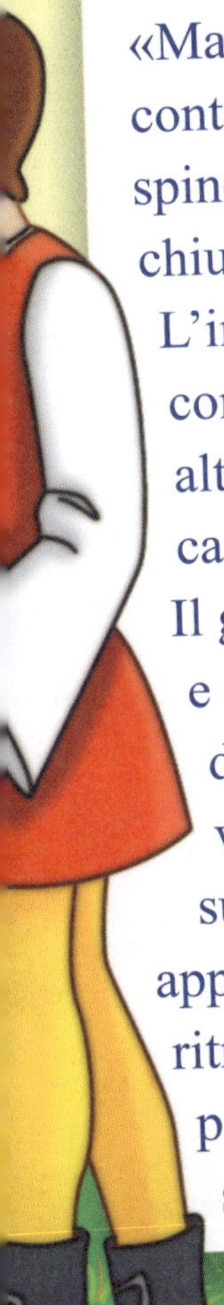

Il locandiere gli raccontò la leggenda della bella addormentata: salendo sulle colline avrebbe visto il castello. «Ma non cerchi di entrare, maestà...» continuò l'uomo. «Un muro di rosai spinosissimi sbarra l'accesso a chiunque si avvicini»

L'intrepido principe dimenticò completamente la caccia, e salì sulle alture dove vide le torri lontane del castello incantato.

Il giovane si diresse verso il maniero, e quando arrivò alla foresta di rose, deciso a farsi strada tagliando la vegetazione, alzò la spada... ma successe una cosa straordinaria: appena si avvicinava, i rosai spinosi si ritraevano magicamente, lasciandolo passare, per richiudersi subito dopo il suo passaggio!

Sorpreso dalla magia che lo circondava, il principe proseguì lungo il viale che conduceva al grande portone principale dell'imponente castello.
Giunto nel cortile del maniero rimase ancora una volta stupito!

Proprio come narrava l'incredibile storia, al castello tutti stavano dormendo, a cominciare dai giardinieri, come se il sortilegio fosse avvenuto il giorno stesso...

Non si trattava dunque di una leggenda: non c'era alcun dubbio: la profezia della bella addormentata era assolutamente vera!

Il giovane principe era meravigliato da tutto questo, ma il suo interesse era un altro: “Dove sarà la bella principessa della leggenda?” cominciava a chiedersi.
Si guardò intorno e vide le dame dormire tranquille sui divani, i cani e i gatti appisolati, le guardie e i cavalieri che russavano appoggiati ai muri.

Qualcosa, a un certo punto, attirò in modo particolare la sua attenzione: un dolce e intenso profumo di rose!
Il principe lo seguì e si trovò di fronte a un grande portale dorato appena socchiuso.

Il giovane principe lo aprì, e quello che vide all'interno della stanza lo fece rimanere a bocca aperta per la sorpresa!

Al centro della sontuosa sala vide un regale lettino, dove dormiva un sonno tranquillo la più bella fanciulla che avesse mai visto!

Finalmente aveva trovato la principessa! Infatti la bella addormentata indossava la corona, e ciò significava che era di sangue reale: quella bellissima fanciulla era certamente la principessa colpita dall'antico maleficio della vecchia strega, quella strega che il Re e la Regina si erano dimenticati di invitare alla festa di nascita della loro bimba.

Il principe si avvicinò alla bella addormentata e rimase incantato a guardarla: sì, ancora una volta era proprio come narrava l'antica leggenda: la principessa Aurora era davvero bellissima!

Il cuore del principe batteva forte, temeva di far qualcosa di sbagliato che potesse nuocere alla dolce fanciulla... Non sapeva come comportarsi: cosa avrebbe dovuto fare per liberarla, per interrompere quella terribile e malefica profezia?
Erano passati soltanto pochi minuti e lui già amava quella dolcissima principessa, e avrebbe voluto sposarla!
E invece non poteva fare altro che accontentarsi di rimirare la sua bellezza!

Ma il coraggioso principe molte cose nemmeno poteva immaginarle: il giovane non poteva sapere, per esempio, che proprio quel giorno si compivano i cent'anni della terribile profezia.

A un certo punto non riuscì più a trattenersi: si chinò sulla bella principessa addormentata e la baciò! Ecco ciò che mancava per il compiersi della liberazione dalla profezia: il crudele sortilegio si dissolse e la bella addormentata si svegliò!

Appena aprì gli occhi vide il principe: «Vuoi sposarmi?» le chiese lui. «Principe, mi hai salvato! Sì, lo voglio!» rispose gioiosa la dolce principessa.

In quello stesso istante tutti al castello iniziarono a svegliarsi e si tornò alla vita interrotta cent'anni esatti prima, come se nulla fosse successo.
In effetti almeno una novità, una dolcissima novità, c'era: un imminente

matrimonio!

Comparve anche la buona fata Fiordaliso, che abbracciò Aurora e volle conoscere il coraggioso principe che la aveva liberata dal maleficio.

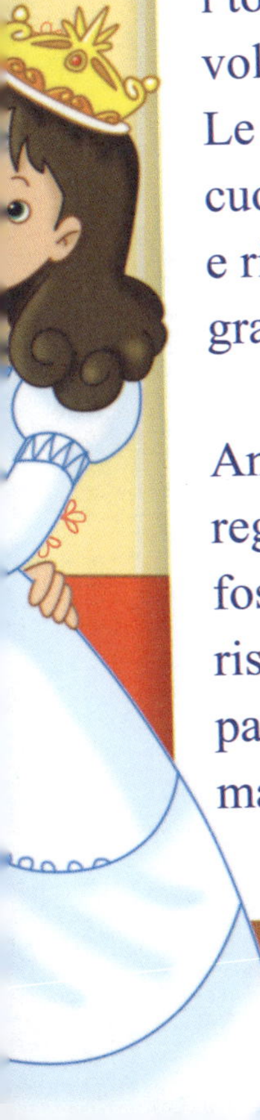

Il Re e la Regina subito iniziarono i preparativi per le nozze, e dal giorno successivo tutti si diedero da fare per aiutare a organizzare il grande evento: gli stallieri pulirono le stalle e strigliarono i cavalli, i gatti cacciarono i topi dalle cucine e i cani cacciarono le volpi dai giardini...
Le dame spolverarono qua e là, i cuochi accesero i fuochi nelle cucine e rifornirono le dispense in vista del grande banchetto nuziale!

Anche tutte le genti del piccolo regno erano felici che il castello fosse tornato a rivivere e a risplendere, e tutti vollero partecipare al magnifico matrimonio!

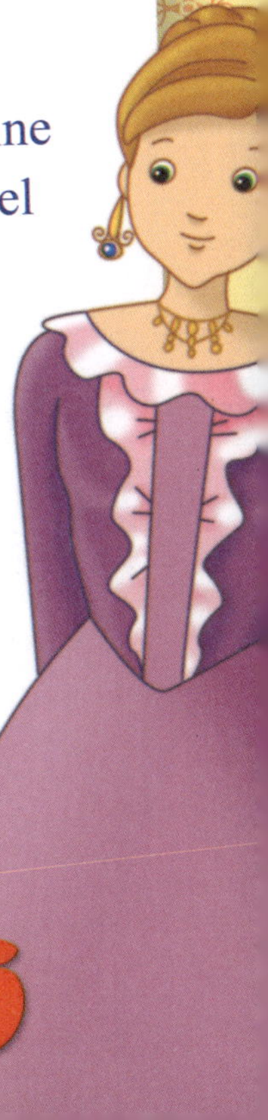

Quella fu la più grande, ricca e gioiosa festa di matrimonio di tutti i tempi!
Fu un matrimonio memorabile, perché oltre al grande sfarzo e alla ricchezza del banchetto, i sentimenti che predominavano erano due: l'amore che univa i due giovani e bellissimi sposi e la grande felicità che contagiava tutti quanti!

E la felicità, come è facile immaginare, continuò a regnare nella vita dei due sposi:
e il principe e la bella addormentata vissero sempre insieme e felici per tanti e tanti anni!

Questa fiaba è finita...
ma tante altre fiabe ti aspettano!